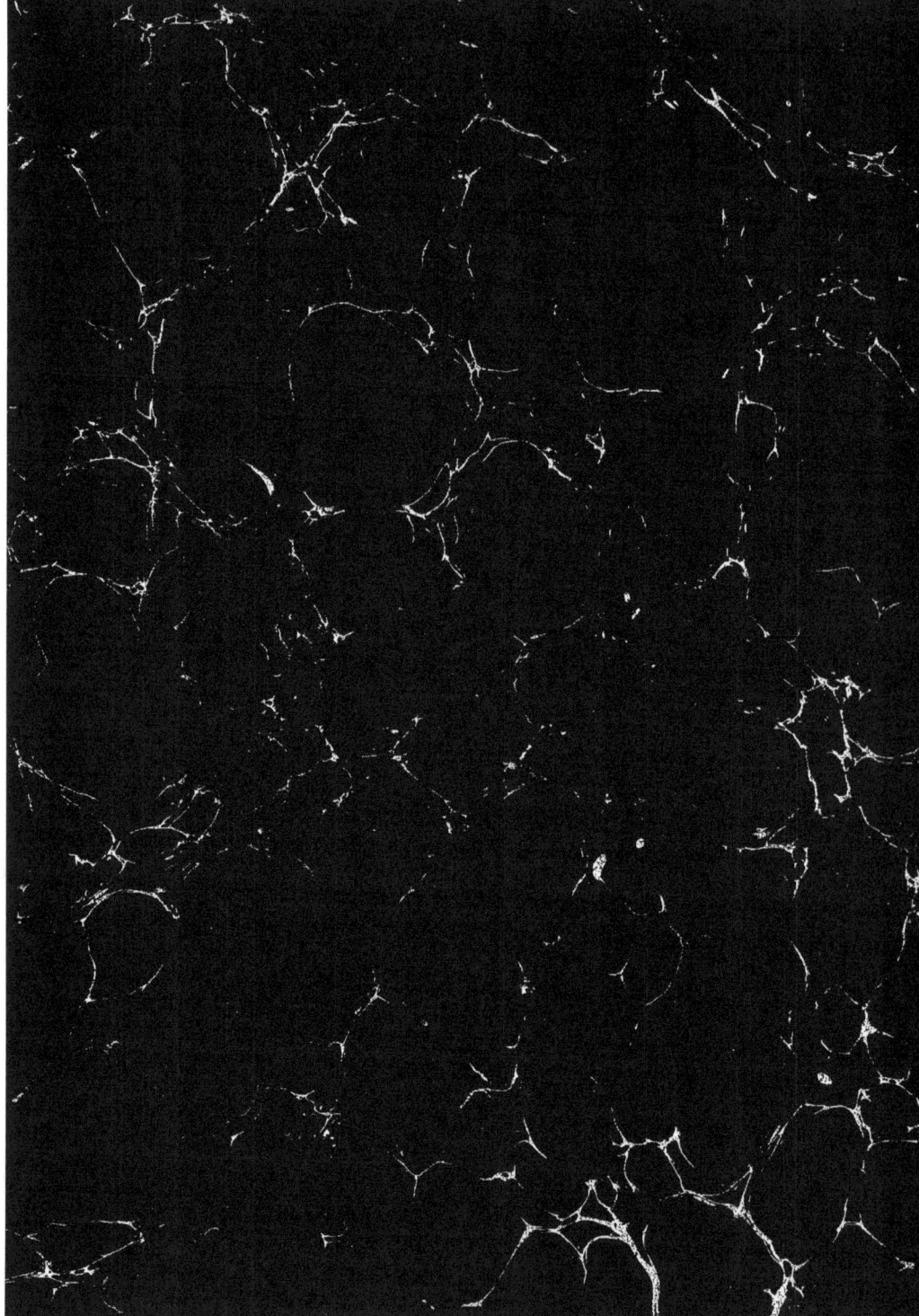

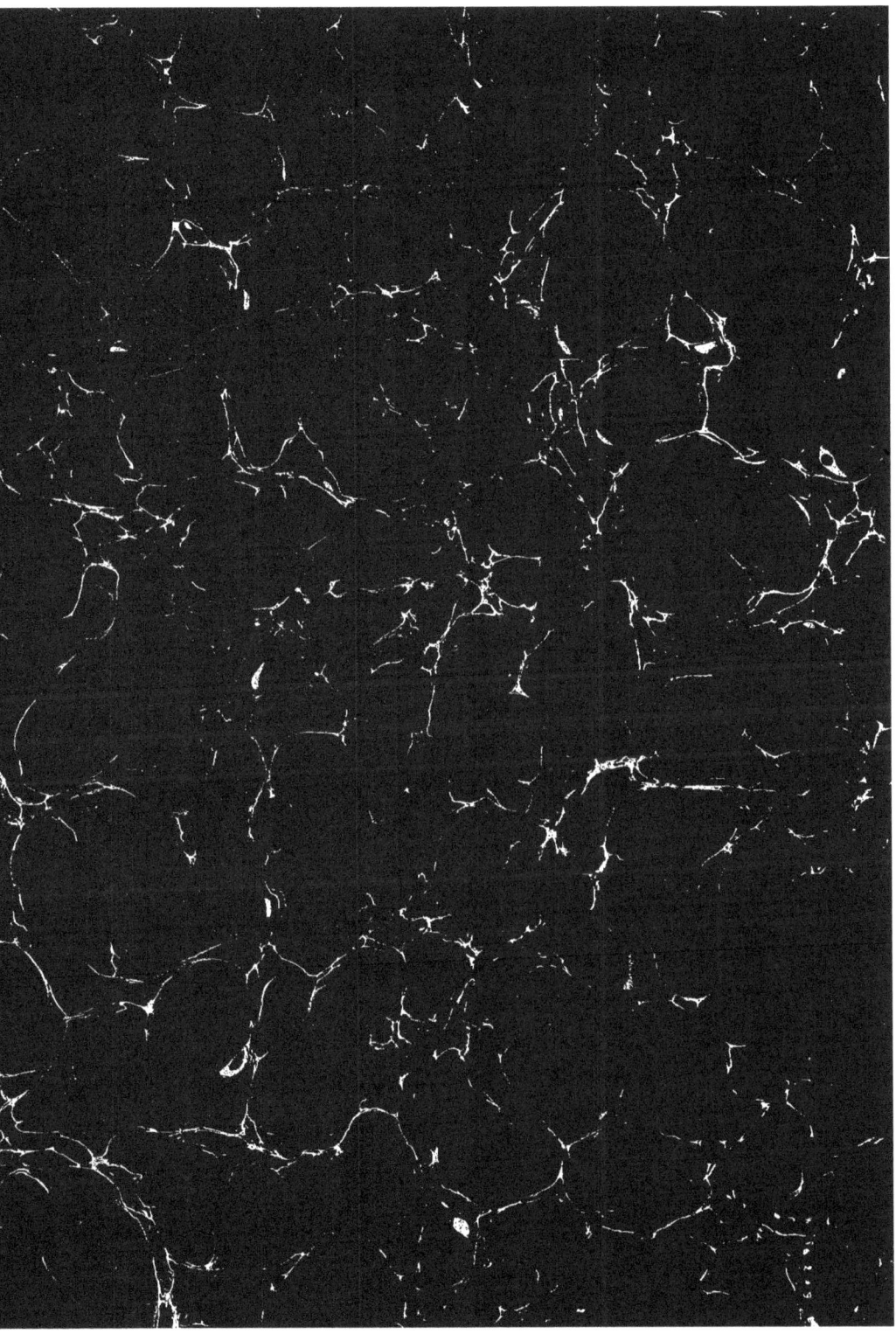

13771

PROJETS
D'ACADÉMIE ROYALE
DE MUSIQUE

ET DE RÉUNION

DU LOUVRE AUX TUILERIES

PAR

AMÉDÉE COUDER

(Ces deux Projets sont exposés au Salon sous les n°s 3645 et 3646.)

PARIS
IMPRIMERIE DE H. FOURNIER ET Cie
RUE SAINT-BENOIT, 7

1845

CONSIDÉRATIONS GÉNÉRALES

Paris, à la faveur de la paix, accomplit l'œuvre de sa régénération. L'air, le jour, pénètrent aujourd'hui librement dans la plupart des noirs quartiers qu'habitaient nos pères. Chaque jour la grande cité s'étend et s'embellit davantage; ses quais, ses boulevards n'ont point de rivaux dans le monde. Ses anciens édifices ont été restaurés ou doivent l'être bientôt; tous ceux qui étaient en cours d'exécution sont terminés. De larges voies ont été ouvertes; de nouveaux, d'élégants quartiers ont surgi comme par enchantement là où ne se trouvaient naguère que des terrains sans rapport ou des habitations de peu de valeur.

Au milieu de ces nombreuses améliorations, de ces immenses travaux, un édifice dont se glorifie l'orgueil national, le Louvre, est encore inachevé.

Nos édiles ont remarqué depuis longtemps avec peine qu'une partie de la ville prospérait aux dépens de l'autre. Leur regard paternel a dû veiller à rétablir l'équilibre; ils veulent l'Opéra au centre de la population, à la place de ces rues étroites et impures, indignes d'être rencontrées auprès de la demeure royale et de deux palais somptueux.

La richesse toujours croissante de notre nation et le calme dont elle jouit doivent rendre le moment favorable aux nobles entreprises. Dominé par cette conviction, je soumets à l'attention éclairée du public un projet de réunion du Louvre aux Tuileries et un projet d'Académie royale de musique.

D'habiles architectes ont traité ces importantes questions, et j'éprouve une bien juste crainte en venant présenter mon œuvre en regard de la leur; mais, dans toute discussion, la lumière peut jaillir du choc des opinions; en ce sens, je crois devoir émettre la mienne, quelque faible qu'elle soit.

Je propose de continuer le Louvre sur le modèle donné par les galeries qui s'étendent de l'entrée du Musée jusqu'au pavillon de Flore; de former une place publique de toute l'étendue comprise dans sa longueur, depuis la grille du château jusqu'au pavillon qui borde à l'est la place du Carrousel, et dans sa largeur, par les galeries latérales du même palais. Au centre de cette immense place, j'élève une fontaine monumentale d'un diamètre de trente mètres. Des groupes couchés sur de larges piédestaux l'ornent en contre-bas. Des statues motivent des eaux jaillissant autour d'une belle vasque d'où retombent des eaux abondantes qui viennent se briser sur des degrés. Du centre des constructions s'élève une riche colonne de bronze surmontée d'un phare : l'élévation totale de ce monument est de plus de trente mètres.

Cette place est bordée latéralement par trois lignes d'arbres formant à chaque angle un carré, au milieu duquel s'élève une fontaine de dix mètres de diamètre sur quinze mètres de haut, rappelant le motif de la fontaine principale, et surmontée également d'un phare. La fontaine du centre pourrait représenter l'histoire de l'art; celles des angles, la poésie, la peinture, la sculpture et l'architecture.

Des candélabres sont placés par intervalles entre les arbres. De vastes dallages s'étendent au-devant des plantations; ils sont ornés de statues représentant les artistes célèbres.

Sur la ligne parallèle à la grille du château, de chaque côté en avant de l'arc élevé aux premières gloires de l'empire, sont deux statues équestres, celle du Roi et celle du prince enlevé trop tôt aux sympathies publiques.

J'ignore si l'expérience qu'on vient de faire d'un nouveau mode d'éclairage, sur la place du Carrousel, remplit toutes les conditions désirables; mais j'ai foi dans la science; je suis convaincu qu'elle obtiendrait des foyers capables de répandre une immense clarté sur ce magnifique emplacement, et je pense que l'éclat de la lumière sur les eaux serait d'un heureux effet.

Cette place formée par le Roi, à qui l'on devrait l'achèvement du

Louvre, au lieu de conserver un nom qui n'est plus dans nos mœurs, serait nommée place Louis-Philippe. Par son grandiose, elle viendrait compléter l'admirable ensemble qui peut exister du Louvre à l'arc de l'Étoile; et cette magnificence, déployée en face du sanctuaire des arts et de la demeure royale, contribuerait dignement à proclamer dans les siècles notre rang parmi les nations.

ACADÉMIE ROYALE DE MUSIQUE

EMPLACEMENT.

Ce monument est isolé de toutes parts. La façade principale est élevée à l'est de la place du Palais-Royal; les façades latérales s'étendent sur la rue de Rivoli prolongée et sur la rue Saint-Honoré, jusqu'à la rue de la Bibliothèque, où s'élève la façade postérieure.

DESCRIPTION.

L'Opéra définitif étant un monument public important pour les arts, rien ne doit être négligé pour en garantir la durée et en faire un des plus beaux titres de l'art moderne.

La façade principale se compose de deux avant-corps, d'un grand escalier en soubassement, d'une colonnade faisant saillie à sa partie centrale, et supportant au premier étage un péristyle. Au front de la colonnade est une frise représentant l'histoire du théâtre lyrique, de la musique et de la danse. L'acrotère de cette partie de l'édifice est décorée des statues des muses, la musique donnant lieu à un groupe principal placé au centre.

Un attique orné de statues enveloppe la scène et la salle, et masque le comble. D'autres statues, placées aux angles des avant-corps, complètent la décoration de la partie supérieure.

Les façades latérales se composent d'un portique en harmonie avec celui de la rue de Rivoli. Ce portique, ajoutant sa largeur à celle de la rue Saint-Honoré, offre aux piétons un précieux abri contre les voitures qui se croisent sans cesse dans cette direction. Quarante magasins y sont destinés au commerce.

Au premier et au second étage, des colonnes et des pilastres détachent les croisées, au-devant desquelles s'étend dans toute la longueur de l'édifice un balcon sculpté.

La façade postérieure présente deux avant-corps ayant en soubassement des corps de garde pour les cavaliers, les sapeurs pompiers et les gardes de police; une grille et une cour spacieuse. En façade rentrante, des entrées pour les artistes, pour l'administration et le service du théâtre.

DÉCORATION INTÉRIEURE DE LA SALLE.

L'or, le bronze, le marbre, les bois précieux, les riches étoffes, n'y sont jamais un habile mensonge de la peinture.

Un rideau de velours cramoisi, doublé d'hermine, se relève latéralement, tandis qu'un rideau de satin blanc brodé d'or se lève selon l'usage ordinaire.

Les soubassements, les colonnes, les entablements, sont de marbre.

L'intérieur des loges et les portes sont en glaces.

Les avant-scènes présentent de chaque côté trois vastes loges à chaque étage.

Un style monumental et grandiose est inscrit dans l'aspect général et dans le caractère des détails. Les premières loges ont plus de trois mètres de hauteur ; elles sont séparées par des colonnes de porphyre supportant un entablement de marbre blanc où sont représentées les Passions, source intarissable des émotions que doit traduire la scène.

Au dernier entablement, des figures fortement en saillie sur un fond d'or, représentent la danse chez tous les peuples.

Le plafond, dans une voussure circulaire, représente sur un riche balcon les plus illustres compositeurs entourés d'un nombreux orchestre ; ils se livrent aux inspirations de leur génie, et les scènes principales de leurs chefs-d'œuvre s'offrent à leurs regards dans la région supérieure et centrale.

La loge du Roi est placée au milieu, en face de la scène ; elle occupe une travée et deux étages.

Des lustres sont appendus aux premières loges ; les secondes loges sont éclairées par des girandoles.

Un lustre principal est au centre du plafond ; il est formé de cinq figures d'or aux ailes de cristal ; ce sont les grandes inspirations ; elles viennent du ciel et président aux enthousiasmes de l'art.

Enfin, ce théâtre a des dégagements nombreux et faciles. A la sortie des loges, de vastes salons s'offrent aux personnes qui attendent leurs voitures. Un immense passage servant de descente à couvert est pratiqué dans le soubassement, et peut en outre servir au stationnement des équipages pendant le cours des représentations.

DISTRIBUTION GÉNÉRALE.

SOUBASSEMENT.

Portique sur les rues de Rivoli et Saint-Honoré.
Quarante magasins à l'usage du commerce.
Entrées des voitures.
Entrées du public.
Entrées des artistes et des employés.
Corps de garde pour les cavaliers, pour les pompiers, pour les gardes de police; magasins des accessoires.
Entrée des décors.

ÉTAGE AU-DESSUS DU SOUBASSEMENT.

Côté de la place du Palais-Royal.

Un vestibule.
Deux galeries pour attendre l'ouverture des bureaux.
Deux escaliers conduisant aux premières places.
Deux escaliers conduisant aux deuxièmes loges.
Deux escaliers conduisant à l'amphithéâtre.
Parterre, orchestre pour le public, orchestre pour les musiciens.
Six loges d'avant-scène avec salon.
Salon pour M. le commissaire du roi.
Bureau de police.

Côté de la rue de la Bibliothèque.

Entrée des décors.
Bureaux de l'administration.
Salon de réception.
Foyer des artistes.
Vingt loges pour les premiers artistes.
Magasins à décors.
Escaliers.

ENTRE-SOL.

Loges d'avant-scène avec salon; galerie à stalles.

PREMIER ÉTAGE.

Côté de la place du Palais-Royal.

Foyer avec péristyle pouvant servir de salle de concert.
Deux salons en prolongement du foyer.
Vestibule desservant les loges.
Loge du Roi avec deux loges pour ses officiers, chacune avec salon.
Un rang de loges avec salon.
Six loges d'avant-scène avec salon.

Côté de la rue de la Bibliothèque.

Bureaux de l'administration.
Foyers pour les artistes.
Loges d'acteurs.
Scène.

DEUXIÈME ÉTAGE.

Un rang de loges avec salon.
Six loges d'avant-scène avec salon.

TROISIÈME ÉTAGE.

Côté de la place du Palais-Royal.

Un rang de loges.
Six loges d'avant-scène avec salon.
Une galerie à stalles.
Un amphithéâtre.
Un atelier de peinture pour les décorateurs.

Côté de la rue de la Bibliothèque.

Ateliers des costumiers.
Magasins pour les costumes.
Logements des employés.
Ateliers des machinistes.

PROPORTIONS.

La surface totale, compris les marches de l'escalier extérieur, est de mètres superficiels	6,344ᵐ 00
Longueur totale	122 00
Largeur totale	52 00
Largeur du foyer avec la colonnade	13 00
Sans la colonnade	10 00
Sa hauteur	15 00
Ouverture de la scène	14 50
Largeur de la scène	28 00
Sa profondeur	33 00
Hauteur totale intérieure de la salle	24 50
Surface de la salle, couloirs et orchestre compris	800 00
Hauteur totale du sol au sommet de l'attique	40 00

NOMBRE ET DÉSIGNATION DES PLACES.

Orchestre	200
Parterre	410
Galerie d'entre-sol	170
6 loges d'avant-scène au rez-de-chaussée	36
21 baignoires à l'entre-sol	126
21 premières loges	126
6 avant-scènes des premières	36
21 deuxièmes loges	126
6 loges d'avant-scène	36
21 troisièmes loges	126
6 loges d'avant-scène	36
Deuxième galerie	450
6 loges d'avant-scène	36
Amphithéâtre	800
	2,714

DEVIS GÉNÉRAUX

ACADÉMIE ROYALE DE MUSIQUE.

La ville prenant à sa charge la différence de valeur qui peut exister entre le terrain de l'Opéra actuel et celui de l'Opéra projeté, il ne me reste à évaluer que les frais de construction. D'après un devis détaillé, je suis arrivé au terme moyen de 1,500 fr. par chaque mètre superficiel, soit. 9,506,000

RÉUNION

DU LOUVRE AUX TUILERIES.

Pour l'acquisition des immeubles........................	18,750,000
Pour l'achèvement du Louvre........................	7,920,000
Pour les fontaines.................................	1,500,000
Pour le pavage, le dallage et les plantations...........	1,800,000
Pour les statues..................................	600,000
	30,570,000

PLACE DU CARROUSEL.

Vue perspective.

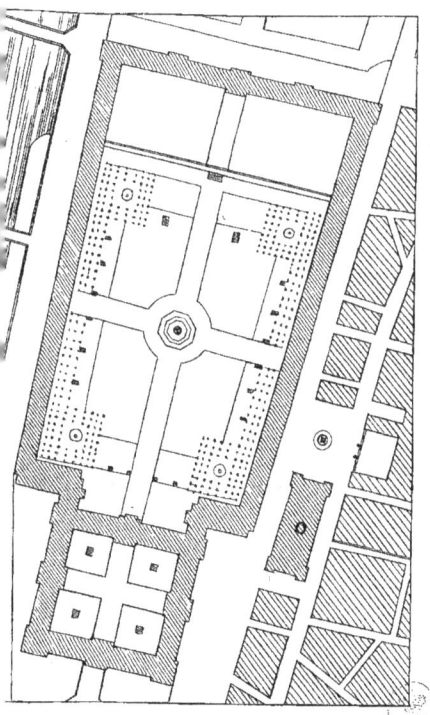

Plan de la place du Carrousel avec ses abords. L'Opéra projeté, marqué O.

Fontaine-Phare du centre de la place.

ACADÉMIE ROYALE DE MUSIQUE.

Vue perspective.

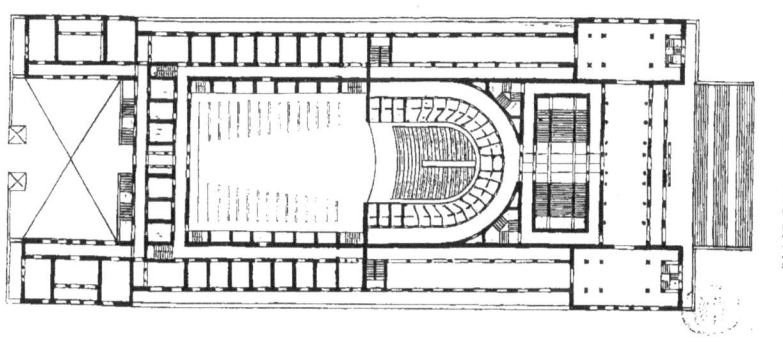

Plan au-dessus du soubassement, et au 1er étage.

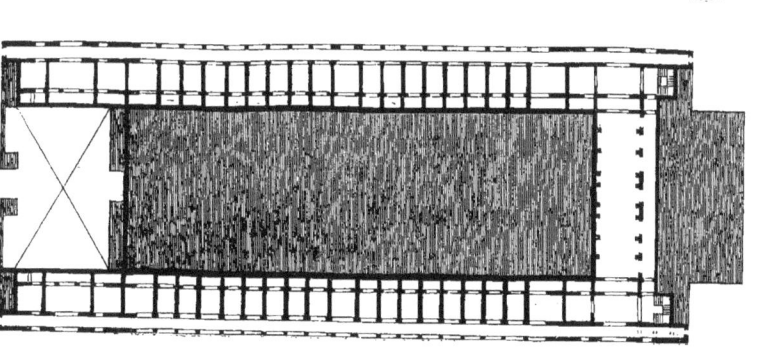

Plan du soubassement.

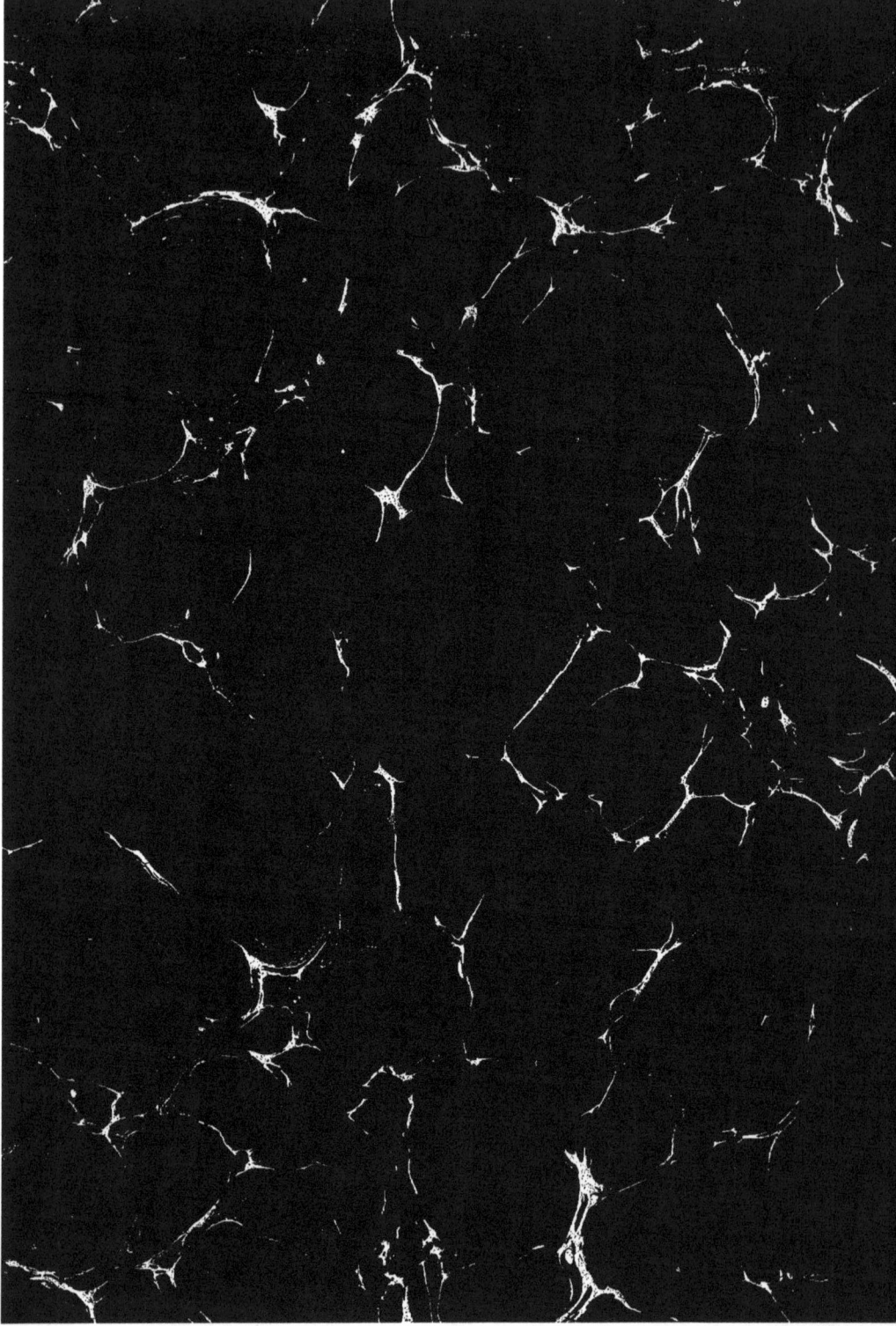

www.ingramcontent.com/pod-product-compliance
Lightning Source LLC
Chambersburg PA
CBHW060606050426
42451CB00011B/2113